JN411286

풀벌레 풀울음

신태수 시집

심지시선 046

풀벌레 풀울음

2021년 8월 30일 초판 1쇄 발행

지은이 신태수
펴낸이 윤영진
기획편집 함순례
홍 보 한천규
펴낸곳 도서출판 심지
등록 제 2003-000014호
주소 34570 대전광역시 동구 대전천북로 12
전화 042 635 9942
팩스 042 635 9941
전자우편 simji42@hanmail.net

ISBN 978-89-6627-205-1 03810

심지시선 046

풀벌레 풀울음

신태수 시집

시인의 말

백 년의 아름다운 약속을 되새기며
사랑하는 아내 도화 씨에게
'하고 싶은 말'을 활자로 새겨 다시 전합니다.

사랑하는 자녀 시은이와 희민이가 자라나
문학을 향유하는 삶을 살아가길 바라면서
아빠가 살아온 시,
이야기 주머니 하나를 남깁니다.

이생의 가장 아름다운 축복인
예수 그리스도를 믿고 하나님과 동행하는 법을
삶으로 가르쳐주시고
먼저 하나님 품에 가 계신
사랑하는 어머니
김영순 권사님께 이 시집詩集을 바칩니다.

2021.8.19.

신태수 삼가 씀

차례

제2부

제3부

〈일러두기〉

*본문에서 〉는 '단락 공백 표시'로 한 연이 새로 시작된다는 표시이다.

제1부

기도

풀내음 바람에 차분 번진다
풀뿌리 이랑너머 쓰르라미 쓰르쓰르
풀벌레 울음으로 밤하늘 온통 가을이다
풀섶에서의 한나절을 제나름 주절이는 겔까
풀 우거진 길섶 귀기울이다
풀잎은 이슬에 젖고 나 풀이슬에 젖는다
풀물들어 나 이대로 그저 풀빛일 순 없을까
풀속 벌레들의 그 풀울음을 나도 지새워 울고 있다

산 제사

새롭게 태어난 태양
시원한 바람에 얼굴 씻은
산뜻한 햇살의 향기
그것은 오늘을 살라 피우는 향

이십사 방향침의 제단
회전하는 원반 위에 결박된 젊은 나체
핏줄기 따라 고동치는 심장

육신을 살라야 하리라
흠향되는 제사를 위해

하지만
굴곡진 생생한 근육은
방향축을 잡은 자를 향한
레지스탕스

금관의 예수

살아있는 예수
그의 자취는 금시라도
살냄새 풍길 듯 생생한데

놋투구와 갑옷 버리고
만군의 여호와
이름 외치며 달리던 다윗
그리고 그의 자손 예수는
목수이던 자신이 깎았을지도 모를
피땀 엉긴 나무토막뿐이었는데

우린 그 머리에
금관을 씌우고
또 갑옷을 입혀
그를
어설프게 만들고 있다

공중의 새를 보라*

햇살
머금은 들판
바람으로 봄 부른다

아지랑
뜨락에 피어
돌담 넘나든다

새는
하늘 날아
노랠 흩, 뿌린다

* "공중의 새를 보라 심지도 않고 거두지도 않고 창고에 모아들이지도 아니하되 너희 하늘 아버지께서 기르시나니 너희는 이것들보다 귀하지 아니하냐"(마태복음 6:26)

둠밈
(완전함, 출28:20)

하늘의 푸르름은
두 눈에 비추이고

마음의 청아淸雅는
언어에 흐르나니

나는야
탁濁한 생활에
빙수氷水처럼* 살고지고

* "충성된 사자는 그를 보낸 이에게 마치 추수하는 날에 얼음냉수 같아서 능히 그 주인의 마음을 시원케 하느니라"(잠언 25:13)

아카시아 향기 흩날리는 날에

곧
여름이 다가오겠지
타오르는 태양 파도치는 물결
너무도 상극된 것들이 우리를 자극하는 계절
우리 몸과 마음을 혼란케 하여 겨울에 굳게 한 '나'를 잃게 한다
나를 상실한 나는 그림자처럼 다니다가 가을 찬바람에
잃어버린 실체를 찾아 헤맨다
안으로 자라고 뼈마디 굵어지는 가을이라 노래한 어느 시인의 말처럼
우리는 낙엽처럼 흩어진 퇴색한 언어들을 긁어모아
우리 빈 가슴을 위해 불을 지핀다
피어나는 연기처럼 그렇게 우리의 날은 가고
또 우리들의 시대는 가고 있다

아-! 언제사 지어부르랴
그를 위한 우리 노래를

"깨끗한 양심에 믿음의 비밀을 가진 자라야 할찌니"

(딤전 3:9)

명상

밤이 깊었다
시계의 규칙적인 맥박 사이로 깊은
적막의 계곡이 놓여 있다
어둠이 깔린 그 계곡을
깊이로 파는 나의 상념은
그 소리로 인해 이내 끌어올려지곤 한다
나를 끌어당기는 심연의 그 무엇
그러나 그 극성을 끊어버려
맴돌게 하는
째깍이는 시계소리

빛과 소리 IV

노을 그리며 해가 진다
황톳길 달구지는 가쁜 숨을 몰아쉬고
노고지리 보금자리 노래하는
오월 어느 저물녘
시인의 휘파람은
들판 가로질러
山에 오른다
하늘에 닿은 그 山에 오른다
메아리 비록 없더라도
하늘로
너머로 가고픔은
그곳에 그가 있고
詩와 사랑 있는 까닭이요
작은 밭과
순박한 술잔이 비어 있기 때문이다

빛과 소리 V

어두웠던 날들은 어둠 속에 묻어둡시다
아침이 되면 빛의 세상이외다
밤에 자는 자들은 그냥두시요마는
아침이 되면 모두 일깨야 하리다

낮은 일하는 자의 낮
우는 자는 거저 울게 두시오
맘이 비면 채워지리다

웃는 자는 그만 웃게 하시오
바람 잦은 이 땅
더불려 뒹구는 한줌 겨와 같이 흩어질거외다

말 못하는 자는 말하게 하시오
언어의 정갈한 씨를 뿌려
그날을 준비케 하구려

오늘은 우리를 위해 있는 것

죽은 자의 몫은
내일과 어제

척박한 땅을 갈아 그 나라를 일구는 이 시간
아들을 위해 심고
우리들 자신을 위해 땀을 흘립시다그려

그 날엔 그 열매의 풍성함으로
잔을 채우겠지만도
오늘은 행함의 성실이 우리네 양식이외다

그 날에 가까움은
내일보다 오늘이 더하니
형제여, 속히 일어납시다
햇살이 그대 창가를 서성이니
어서!

뒤늦은 유월에 도대체

사월의 시작은 만우萬愚
그러나 우린 속지 않았고
어리석지도 않았다

열아홉은 미분未分의 수數
우리도 나뉘랴
일념一念의 큰 뿔 치켜들고 우뚝
언덕에 섰다

이미 썩어 문드러진 것에
소금이 무슨
소용이랴
밤 깊어 빛 밝힐 뿐
횃불 들어 우뚝
거리에 섰던 것이다

어둠 속에 스믈거리며
간에서 즙을

스믈거리며 염통에서 피를
스믈스믈 짜고 빨던
빈대, 벼룩, 서캐
벌레들이 총망히 쫓겨가던
오월도 자랑찼고
유월도 작열했건만

엉거주춤
유월을 다시 맞은 너흰
이제 그날을 욕되이 말라

십팔
십육의 욕됨도 잊을 수 없어
누가
우리가 용서치 않는데
우릴 누가
용서할 수 있으랴
〉

사월의 열아홉과
오월은 미분未分의 수數
우리도 나뉠까마는
그날 우리는 결코,
속지 않았고 어리석지도 않았는데
이제 뒤늦은 유월에 도대체,
도대체 무지한 자가 누구냐
귀 막은 자가 누구냐!

젊은 삭개오 IIXIII

키가 작아 보이지 않습니다
고개를 드리뽑고 까치발을 서도 안 보여
나무에 오르지만
길어귀 고목엔 잎새들만 팔랑입니다

소태 같은 입을 하고 山으로 가도
석양이 뫼부리에 걸릴 때까지
새소리만 골을 따라 가득할 뿐

밤이 적막을 몰고
하늘을 달려 별을 뿌려서야
동굴만 한 사색으로
알만 한 죽음을 캐내어
보자기에 쌉니다*

* "그가 빌라도에게 가서 예수의 시체를 달라 하여 이를 내려 세마포에 싸고 아직 사람을 장사한 일이 없는 바위에 판 무덤에 넣어 두니"(누가복음 23:52-53)

성령의 불

요즘 나의 내부에 일고 있는 변화들을 일일이 기록할 수는 없지만 내가 느끼지 못하는 곳에서 크나큰 변혁이 일어나고 있다. 활화산의 활동이랄까? 분화구를 통해서 폭발한 것은 아니지만, 표면적으로는 거의 식별할 수는 없지만. 거대한 면적에서 서서히 … 녹이고 있다. 싯뻘건 용암이 걸걸한 바위들과 껍질같이 갑갑한 지각을 용해하면서 올라오고 있다.

숨구멍을 찾고 있는지도 모른다. 내게 있어 가장 견고한 아성은 무엇일까? 가장 높은 산 꼭대기에서 터지듯이, 주먹 같은 창꼬투리에서 피 터져 뿜어내듯이, 가장 높고 가장 견고한 곳을 찾고 있는지 모른다.

녹이겠지. 녹이고 올라오겠지. 아니 지금, 거의 다 녹여 올라왔는지 모른다. 마지막을 위해, 이제 분출을 위해, 숨을 몰아쉬고 있는지 모르지. 아니, 사방으로 범위를 넓히고 있는지도.

〉

뜨거운 것은 위로, 찬 것은 아래로 향하니 상부의 열기는 식지 않을 것이다. 쇳불 같은 시뻘건 불덩이는 솟고, 납같이 싸늘히 식은 것은 밑으로 내려가 다시 불이 될 것이다.

불.
불덩이여, 솟아라.
피 터짐같이 힘차게 뿜어 올려라.
불아, 불아, 솟아라.
하늘 찌르는 내 오만의 산으로 쇳물처럼 녹이고 피처럼 말갛게, 아가의 피처럼 신선하게, 청년의 피처럼 뜨겁게
뜨겁게 외쳐라!
"피 흘림이 없은즉 사함이 없느니라"*

* 히브리서 9:22

광활한 철원평야를 바라보며

184GP에 올랐을 때
난 통곡하였다

끝없는 갈대의 영토
그리고 그 땅의 정수인듯
적셔주는 맑은 호수들
가슴은 산처럼 뛰어 남북으로 치달았다
무슨 말을 할 것인가
감히 누가 말하겠는가

핏속에 엉겨있는 원죄의 사슬처럼 가로놓인
가시돋힌 철조망
수십 년이 흘러도 녹슬어 녹을 줄 모른다
무슨 원한이 그리도 깊이 사무쳤던가

광활한 대지를 핥던 찬바람이
가슴을 헤치고는 비수를 꽂는다
악몽에서 깨어나듯

정신이 든다

그렇다. 빈손이다
빈손이어야 한다
강철로 시린 손이 아닌
온기를 담은 두 손으로 마주잡아야지

그렇게 마주한 손으로
이 땅을 갈고
나무를 심어야지
유혹의 선악과 아닌
사랑의 생명수를

고독향孤獨香

언제나 그렇듯
그림자처럼 따르는 고독
그것은 누구도 침범 못할 성토聖土

구절초를 고듯
계절이 익을수록 짙어지는 나의 고독은
특유의 향과 맛을 더해 간다

그 씁쓸함에 매료되어
두 손으로 커피잔을 감싼 시인처럼
고독의 맛과 향이 짙어질수록
눈동자는 야위어 가지만
내 혼은 솟은 장대에 나부끼는 깃발

풍향계의 뾰족한 화살이
언제나 나를 겨냥하며
삐걱인다

가을로 난 길 I

머릿채가 무거워 휘도는 것인지
아니면 공허로 하여 휘청이는지
낮과 한낮을 잇대어 하루가 속없이 흐른다
여름 열기로 흐트러진 모양새를 추스리다
땅거미가 몰려와도
여름의 밤은 외롭지 않다
빙과처럼 쏟아지는 별의 하늘을
바람에 떠밀려 밀-리어
새벽에 다다라서야 나의 상념은
비로서 둥지를 튼다

가난한 날의 그림자

걸었다
뛰었다
차를 탔다
또 뛰었다
아침 밝은 햇살에 눈이 부셔, 가늘게
눈살을 찌푸렸다
그러나 결국 고개를
숙이고 말았다
지고 만 것이다

땅을 향한 눈길
왜 이렇게 살아야 하지?
이렇게 살려 했던가?

뛰었다
못난 그림자를 떨쳐버리기 위해
그러나 그림자는 발목을 잡고 놓아주질 않았다
〉

누굴 붙들어?

흐흣! 우습군. 이런 생활을 하면서 ….

이건 자조가 아니야

똑바로 보라구

무엇인가 잘못되어 가고 있음을

내부로부터 괴리감이 느껴왔다

가을로 난 길 II

소슬한 어느 새벽
숲 사이로 스민 빛이
꽃줄길 타고 잎새에 반사되어
꽃잎의 윤곽을 드러낸
그때
난
가을을 감지하고 말았다
설레임을 간직한 나의 계절을

나를 헤쳐 나를 추스리는 사색들
상심으로 부서진 상념은 방황으로 나뒹구는
…
그러다가 울고, 다시 웃는
그것은
가난한 자의 계절인 것이다

기도 II

만남의 부재
곧,
진실된 언어의 부재를 절감하는 가을

무엇인가 내게 던져진 물음을 예감하면서도
실체를 잃은 그림자처럼 갈피를 못잡아
구겨진 종이메가폰을 움켜쥔
나의 처절한 외침도
세 치에 못 미치는 걸 어찌하나

그렇다면 이제 잠잠하리라
깊숙한 침묵으로
날 선 못 끝에 두 발 모둔 채 서야 했던
그 청년의 심장에 응결된 언어를 담고픈 이 밤

타는 입술 가지런히
마디손을 모은다
정갈한 언어의 씨가 이슬 같은 동녘까지

계절의 밤

함초롱 이슬 맺힌
풀밭을 걸으면
한 방울 두 방울
옷깃에 스미는 향수

가을이라 맑은 하늘
꿈 밝히는 별싸라기
하늘 가득 눈에 가득
마음 뿌듯이 설레이는
가을의 밤

꿈결같이 바람결에 뒤치던 논두렁
참새처럼 재잘대던
한낮도 저문 이 밤을
못내 뒤척이는 허수아비

망각의 우물에 내리는 상념의 두레박은
이내 텅 비어 오르지만

열병처럼 물을 찾는 갈한 영혼의 몸짓은
그리 쉽사리 잦아들지 않을 성싶어
달빛이 저리도 창백한가

보름달 아래서
— 중추절에

이러구러 시간은 흐르고
가을 푸른 하루도 속없이 흐른다
시들한 단어, 엉뚱한 생각과 푸념에 궁싯거리며
풀처럼 눕는 머리칼
바람은 쏟아져 내리고 사상은 홰를 쳤다

가을엔 닭의 벼슬을 하고
하나씩들 알을 품는다
깨보면 그렇고 그런 것
그러나 각질 깨고 나온 건
생명과 경이

시나브로 비끼는 햇살을
소슬한 바람이 잇는다
이제 대지처럼 체온은 식어
서릿새벽 나목裸木으로 서더라도
내사 홍시 같은 불덩이로

하늘끝
거꾸로 달리고 싶다

우림
(빛, 출28:30)

가을 들판의 풍요엔
농부의 겸손과
신의 손길이 담겨 있고
가을 수목의 퇴색은
삶의 그늘과 신의 영원에 대한
냉冷과 온溫의 서툰 습작을 유발하기에
가을은
인간人間을 향한
신神의 열린 계절
열린 공간인 것이다

제2부

불붙는 山

폭풍의 휘모리로 풍장치던 하늘이
수목의 푸름을 흡인하여
노을로 뿜는
가을

하여
단풍은
그 노을 물들어
온 산천을 저리 붉게 태우는가

기도 III

준비 없는 삶에 기척도 없이 도둑질 당하는 것이 세월인가부다
당겨진 화살처럼 미친 듯 달려온
그러나 정작 정해 놓은 과녁조차 없이 날아만 왔던 생활
겨울 문턱에 서서
도둑맞은 기분으로 맥없이 빈 주머니만 자꾸 헤집는다
책상머리에 앉아 이책 저책을 넘겨도
마음 갈피만 심란할 뿐이다
머리를 긁적이며 골똘한
그 모양새가 외려 사나와
은근히 괘씸하다
질끈 눈을 감는다

멍.텅.구.리!
이리 눈을 감기까지 왜 그리 망설였을까
그렇다
무언가를 잃었을 때
왠지 모를 상념으로 허물어질 때는

눈을 감아버리는 거다

사모思母

계절의 변이를 천명하듯 비가 내립니다. 무진 비를 맞고 쏘다니다 젖은 어깨 위로 김이 오를 때 한 마리 젊은 야생의 말이 산야를 달려 벼랑에 서서 울부짖는 모습을 보았습니다.

몸을 떨며 받아든 플라스틱 식판에 냉큼 물을 말아 퍼먹다가 문득 구수한 누른밥과 숭늉이 그리워 창밖의 빗소리에 빨려들었습니다.

비안개처럼 물씬 김이 오르던 뚝배기 속에 두부를 숭숭 썰어넣어 끓인 된장국. 한 사발 수북히 어머니의 손맛이 담긴 김치. 그리고 이렇게 흐린 날 저녁이면 어김없이 상에 오르던 할머니의 칼국수. 향촌의 그 시절은 이렇게 비바람이 칠 때면 으레 정전停電이 되곤 하여 희미한 촛불 아래서 홍두깨질을 하셨지요.

왠지 이렇게 오래된 인생사事를 지금 뿌연 유리창에 흘리고 있는 난, 작은 인생사史의 증인이요, 유물이 아닐까

합니다.

계절이 추락하는 속도만큼이나 쏟아지는 빗줄기는 그 사랑의 강도만치의 폭과 깊이로 인생이 지나가는 속도만큼의 물줄기가 되어 쓸려갑니다.

어느새 철부지 응석받이였던 내가 군인이 되었고, 부지깽이 들고 야단하시던 홀어머니의 주름진 얼굴은 손주녀석들의 재롱으로 위로 삼기엔 너무도 깊이 고랑이 져 있고 그 머리가 너무 희어졌습니다. 이제 오는 겨울마저 가면 회갑이시라니 나는 서럽게 젊고 어머닌 외롭게 늙으셨습니다.

오늘은 계절이 겨울로 추락하는 날입니다. 이제 우리 인생의 겨울이 오면 긴긴 겨울잠을 자야 합니다. 그러나 사랑의 인력과 믿음의 순수성으로 우리 꿈은 크고 가깝습니다. 그때 나는 겨울이 봄으로 비상하는 영원한 계절의 시작에 선 나의 어머니를 목도할 것입니다.

겨울 들판

들로 가자
겨울이 길게 누운

들로 가자
시간이 하얌으로 소묘한 공간을

들로 가자
계절이 비어 있는
들로 나가자

나와 그만이 묻혀
아무도 없는
눈물조차 빙결되어 서러운
그곳에 가자

사람으로 웃자
사람으로 살아가자
따스한 미소 속에

정겨움이 움트는 날에 말할 수 있겠다

말이 말 없음을 필요로 하듯
사람은 사람이 간절한 것

그래,
사람과 생활이 시들할 때
그때 우린
들로 가는 거야!

"예수는 물러가사 한적한 곳에서 기도하시니라"
(누가복음 5:16)

가을비 내리는 날에 풍경이란 말은

풍경風景이란 말은
가을비 내리는 날에는 어울리지 않는
사치인 것 같다

마른 낙엽이
찬 바람에
뒹굴며 버석이는 소리
냉기를 뿜는 듯
창틈에 내비친 불빛은
더욱 시린데
이제 이렇게
가을비 내리는 날에
風景이란 말은 …….

이사

까치가 이사를 갑니다
까까까 꺼꺼꺼
우리도 이사를 합니다
어 허~이, 어 화~아

새해 첫주일에

파평과 연평山이 장승처럼 서고
임진江은 삭풍 속의 만장처럼 휘도는 이 땅에도
몇 시간 늦게 새해가 밝았다.
태양이 아홉 시가 되어서야 얼굴을 내밀고 세 시면 에누리 없이 사라지는 하루를
끄적이며 소요한다

그동안 바쁜 길을 절뚝거리며 뛰어왔다
지난해를 마무리짓지 못해 떨떠름한 신년의 몇 날을
회색지대를 방황하듯 보냈다
하나님을 기억케 하시는 그의 손길을 어렴풋이나마 감지한 것은
첫 주일인 오늘 낮예배

하나님을 기억함이 없는 곳
망각의 지대
교만과 아집이 왕노릇 하는
반역의 땅을 엄습한 칼날

그것은 화염검

무디어진 내 날도 갈려야 하리라

아무 일 없던 양으로

마치,
아무 일
없던 양으로
살고 싶다

살아 있는 표정
유연한 감정
가을하늘처럼 명쾌한 이성으로
새삼스레
만나고 싶다

그러나
되살아난 그림자가
자꾸만 발을 묶는다

파수

— 파평과 영평의 계곡 사이에서

여섯 시간 남짓의
일조량으로
시린 몸뚱아리를
한나절 의지해야 하는
파영의 하루

봄푸른 파영은
어머니의 품속 같더니
이제 임진의 습찬 바람엔
처녀의 가슴처럼 시리다

메아리로 시작하여 함성으로 밤을 잇는
어제 같은 오늘
자욱한 안개 속에
내일을 감지할 순 없어도
영평산마루에 호젓한 독립수를 감지한다

눈을 뜨고도 광명처럼

이렇게
눈을 감아야만 비로소
당신을 깨달으니
이내 눈감고 살아야 합니까
눈을 뜨면 탐욕에 눈멀어지고
마음도 따라
추해집니다
어리석고 부질없음을 알면서도
어쩔 수 없는
참회를 머리에 이고서도
종일토록 그 짓에
미쳐있습니다
어찌해야 합니까 허탈합니다
정말이지,
난
당신 앞에서 살고 싶습니다
눈을 뜨고도 보고 싶습니다
눈 감을 때에야 내겐

광명인 것처럼
눈을 뜨고도 그
광명처럼 살 순 없습니까
아!
난
이토록
당신이 필요한데

보라 새것

이리도 시린 땅에
모두운 그 발마저 땅에 박던 그 못이었지
이 땅 온통 겨울인데
시린 발 둥켜안고 입을 마추던
그녀의 입술자국
향수 배인 그 자리에
모질게도 붙박히던
붉은 녹의 그 못이었지
영문도 모르면서
옹골지게 파고들던.

그러나
그 품에 손 넣을 때
그날은 내 몹씨도 뜨겁더니
용로 속에 던져진 듯 녹슨 찌끼 걸러지고
촛밀 녹듯 마음 녹아 새 틀에 부어졌네
아아, 새 모양이 된 것일세
〉

비록 이 혹독한 땅이지만
이제 나는 화로火爐이고 등燈이랄세
여보게
새로 새긴 그 이름은
일생의 자랑이요
노랫거리 되앗고야

지천명知天命

이 눈 녹으면 자취 따라 스러지련만
너까래 하나 들고
몽유처럼 행길을 오간다

끝없이 공간과 거리를 메꾸는 눈은
천지에 빼곡한데
너까래 하나로
나는
내 길을 열어야 한다

자랑처럼 발자국 수북히 지난 길목
눈사람, 눈싸움 한창인 신작로
소복같이 온통 새하얀 이 땅에
그 오실 길을 여나니

쉼 없이 눈은 나려 회칠하듯 쌓이는데
나무로 낸 그 길 따라
꾸밈없는 삶을 열어

내 길을 간다

성령의 바람

바람이 몹시 차다
피워놓은 장작불길이 모로 누워 흡인되듯 허공으로 빨려간다
시들은 태양은 힘겹게 산마루에 오르는가 싶더니 이내 추락하듯 너머로 사라졌다
한기寒氣는 독버섯처럼 산그늘진 계곡 사이에 숨었다가 땅거미를 타고 삽시간에 대지大地를 정복하며 횡행했다
얼음 같고 강철 같은 밤이다
스러지는 불빛
숯불,
그 여린 온기에도 삭풍의 표독스런 매질은 잦아들 줄 모른다
하지만 시커먼 숯덩이에 바람 감길 때 붉은 불꽃이 피었다
아! 샛빨간 불똥이 튀어 마른 개비 내 魂에 화인火仁으로 번진다
밤이 깊어 어둠이 짙을수록 영평마루 공제선에 오롯한 독립수 마디가 저리도록 바람이 분다

불어오는 바람이 맵차다
그러나,
바람이 붊으로 하여 장작에 불이 붙고
그 바람 모질게 휘감아돌 때야 비로소 개비 같던 내 魂에도 불길 오르나니
바람이 이로 하여 쉼 없던가

"네가 거듭나야 하겠다 하는 말을 奇異히 여기지 말라. 바람이 任意로 불매 네가 그 소리를 들어도 어디서 오며 어디로 가는지 알지 못하나니 聖靈으로 난 사람은 다 이러하니라.(요3:7-8)"

애가哀歌

— 심천에서 원희 母親의 장례를 마치고

검은 머리 하얀 댕기
여며스린 고릿자락

서리치는 소복고름
서리서리 서러워서

목 놓아
애절케 우는
오열의 山 예 있노라.

천붕天崩 恨이 섧디 섧어
울어예고 애끊더니

하관 끝에 디민 소반
처지만큼 처량하여

타는 목

사슴 양으로
눈물만을 삼켰던가.

이제 그만 되돌아서
되넘어야 할 터인데

심천심산 굽이진 길
홀로로는 내 못 가리

아-, 내
의지되시올
당신만이 계시오라.

검은 눈썹 젖어 흘러
붉게 깨문 석류알이

이제라도 다시 쉶어
읍도泣禱하는 소복이여

〉

삼위서

하감하시얀

그 소녀의 애곡이여!

역접逆接

나를 따르라
그러나 너는
나를 부인하리라
시몬
네가
정령코,
그러나 너는
따르라

주림
— 5일 금식을 마치며

이제 창가에 빗소리 듣는 것은
갈함의 갈급함이라

분명,
폭폭히 먼지 낀
내게도 나리움을 기다림이니

주리고 목탄 나의 바램
목을 길게 하고
창가에 섰네라

하여 그대
비처럼 오실 적에
메말라 갈라져
미웁다 외면 않기를

그리여

흠뻑 취한 나의 밭
포실히 기경코 뿌리어
가누지 못할 양 거두어서
그대 곡간에 들여지이다

곡간에 들여지이다

움트여 싹나야
— 45일 감사기간을 마치며

씨알 하나가
씨알 하나이면
씨알 되지 못하나니
움트여 싹나야
씨알이 씨알 되니라

움트여 싹나야만
즈믄즈믄 만만 수로 열어지니
이 몸이사 소중하나
뿌려지고 썩으야네

아름아름 단을 엮고
섬섬무량 무진무진 거두련야
움트여 싹나야 하나니
진실로 움트고
싹나야 허이
〉

아무렴,
움이 트고
싹이 나야지

그 사람의 병瓶

(왕상17, 왕하4)

조금 남은
한 개
기름병이고 싶다
비인 듯 차 있고
깊이 기울여 마음 쏟는
조금 남은 기름병이고 싶다

텅 비어 울지 않고
얄팍한 기쁨으로 찰랑이지 않는
한 개 기름병이고 싶다

나는
조금은 남아있는
한 개 기름병이고 싶다
기름진 자 비웃어도
가난한 母子에겐 소중했던
마지막 그 한 종지만큼의 기름병이고프다

〉

기울여 부어질 때

그릇만큼 부어지는

그러고야 비로소 비어지는

그 사람의 병

그의 아끼는 바

조금 남은 한 개

기름병이고 싶은

나

찬미하고 오른 감람산

달아나면 산맥山脈으로 부풀어 쫓는 山
다가들면 동산童山으로 움크리는 山
등지는 자는 헤매일 것이며
얏보는 자 위에 덮치리라
대저 山에 오르는 자는 정복당하리니
올라가는 자의 마음이
내려오는 자의 그것에 미치지 못하리라
이는
오르는 자 고독하나
山으로서 내리는 자는
소망所望을 얻음이라
그러므로 山에 오르자
그러나 나는,
내려와야 한다

주일 아침
— 화랑저수지에서

냉이를 캔다
물결 제방 햇살 아래 봄쑥을 뜯는다
그는 왜 산으로 갔을까
저어만치 갈대 늪지엔 새들이 사는데
그는 왜 산으로 가야 했을까
덩그러니 낚싯대만 물에 담그고
밤에
그리고 새벽에
그는 왜 거기에 갔을까
갈대숲을 오가는 새하얀 두루미의 날개짓에
물비늘 여울 너머 푸르게 산이 섰다
바늘 없는 낚싯대라도 드리우고 종일이고 물가에 앉고
싶은 오늘
그가 낚시꾼들을 산으로 데려간 그 물가에서
나는 내 마음의 쑥을 뜯는다
오래 홀로 자란 내 마음의 달래를 캔다
나는 왜 그를 기다리는 걸까

꿈꾸지 않는 나무 IIXV

꿈 없이 맴돌아온
어제들의 나이테

껍질 깨고 새순 틔울
푸른 날을 기경畿耕코저

열어라
햇살 스미는
마음속 네 창살을

제3부

기억을 낚는 어부

시간의 흐름 속에
크고 작은 나름으로
기억의 물고기가 유영하지만
나의 그물질은 유치하도록 서투르다

언어言語의 그물로
이나마의 삶이라도 낚을 수 있게 하신
하나님께 감사하나니

비록 그물이 엉성코
망질이 어설퍼도
이제 촉고數罟를 촘촘히 수선하고
설은 손에 익혀
보다 실한 어부漁夫로 돋움해야겠다

슬픈 동물

쏟아지는 햇발 속에
벚꽃잎도 쏟아져 날린다
그런 눈부심으로 봄날은 간다

저기 아롱진 꽃그늘 아래
아이 안고 사진들 찍는다
그림마다 담겨질 그들의 삶이
그 아이의 자람과
세월의 물살 속에
징검다리를 놓아주겠지
먼 훗날 그 여울목에서
한발 한발 징검다리를 디디며
그는 다시 아이가 될 게다

그렇게 시간을 거슬러 회억할 수 있기에
어쩌면 인간은
슬픈 동물인지 모른다

샤론의 꽃

가슴을 장식한 장미는
사랑의 표시등標示燈
옐로우 노
레드 올레디
블랙 브레이크

여름처럼 간절한 장미는
내 젊은 날의 연가
꽃송이 타는 입술
섧은 가시채
그 향기 상큼한 설레임

골고다 언덕길서
살렘의 우물 곁에서
우러르는 가슴마다에
찬연히 맺혀 숭고히 장식된다

샤론의 꽃 II

(공동번역 雅歌 2: 1)

이 꽃처럼 고와라
입지 않은 그대로
한 망울 피어 서라
영혼에 흐르는 노래
파문으로 향내 번져라
산골짝
깊은
내 마음의 나리꽃

기다림

그대 꽃처럼 홀로 선 그리움은
하늬바람에 몸부비며
가을하늘 수놓은
코스모스다
비와 바람과
그리고 넘치는 햇발 속에서
청춘은 여물어
꽃처럼 홀로 선 기다림은
하루를 우러러 기도하는 해바라기다
사랑과 이별의 변주 속에
애틋한 추억으로 아스라한
우리들 노래
그리운 언덕 위에
그대 꽃처럼 홀로 선
내 마음의 물망초

인생

즐겁게 살자
즐거이 살아가자
늘상 머뭇거리며 주저하다 잃어버린 시간과 놓쳐버린 삶의 생기를 찾아 누리자
어차피 인생은 덧없고 잡을 수 없이 빠르게 지나가니 헛된 번민에 괴로워 말자
무얼 먹을까, 어떻게 할까 망설이다 빼앗긴 내 시간들
아끼느라고 아껴도 외려 엉뚱한 곳에서 새버리면 더 밑지니 실속 없다
그때그때를 즐거이 음미하며 기쁨으로 내 길을 가자

다른 사람 어쩌든지
나,
홀로 난 길
내게 주어진 길을 꿋꿋이 가야 하리라
그래,
나는 내 길을!
〉

허나
세월은 빨리 흐르는데 일의 이룸은 심히 더디니
오 주님, 나를
인도하소서

* "다른 사람 어쩌든지 나 주님의 용사되리"
(찬송가 349장「나는 예수 따라가는」)

그리스도의 향기

노을진 산길 실계곡 서늘한 바람
백옥구슬 소담스레 치렁한 아카시아
홀로 걷는 이 길 가득한 싱그런 사치
행복을 호흡하는 가슴은 흰버선 향낭
네 안에 멈추고 싶은
아카시아
꽃
내
음
피지 않은 꽃도 향내 이리 고운데
꽃망울 터치면
세상 온통
네 향기에 젖겠다

출근길

향기와 함께 져버린 라일락

그 아쉬움으로 산새가 우는지 아니면 또다른 기다림이 있어 그러는지 알 수 없습니다. 솔밭과 잡목을 오가며 지저귀는 그 지저귐에 새로이 마음을 가다듬으면서 계단을 오릅니다. 미류나무와 아카시아, 리기다송과 한그루 밤나무, 그리고 모과나무. 문과대 앞 뜨락엔 빨간 버찌가 탐스럽습니다.

기대라는 것은 미래사에 대한 현재적 체험이라는 말을 되뇌이며 솔밭에서 불어오는 바람을 호흡해봅니다. 맑은 새소리처럼, 산뜻한 아침 햇살처럼 그리고 청량한 이 아침의 공기처럼 해맑은 삶이 되기를, 그런 만남이 있기를 기대하며 이 아침 내 시간의 맛을 즐기고 있습니다.

오늘도 행복한 하루, 그분의 기쁨이 되는 삶이기를 기도합니다.

대화

묻지 않은 자에게 답함이 되신 주!
그렇습니다
나는 어리석고 유한하니 어찌 다 깨달아 묻겠습니까
我們本不曉得當怎樣禱告(롬8:26)*
묻지 않은 것까지
아니 묻지 못한 수많은 문제에 스스로 답하시며
내 발걸음을 이끌어 동행케 하시는 주님!
감사합니다.
그리스도의 오심도,
그의 십자가도
묻지 못한 것,
우리가 생각지도 못한 것에 스스로 답하신 것입니다
그러기에 은혜, 은혜, 은혜!
그렇게 스스로 답하지 않으셨다면 우리는
당신의 침묵 앞에서 멸망했을 것입니다
스스로 답하시는 주님,
당신은 결코 냉정한
침묵자가 아닙니다

체휼함으로 알고
사랑에 못 이겨
스스로 답함이 되신 주님!

* "우리는 마땅히 기도할 바를 알지 못하나"

파도소리가 들리는 나무

들어보셨나요?
나무에서 파도소리가 들립니다
바람이 청량한 이 아침
파도소리가 들리는 나무 아래서 하루를 기도합니다

당신께
오늘 하루도 평강과 기쁨이 넘치기를

슬픈 동물 II

어찌할까
…
바람 없는 이곳에 오늘은 몹시도 세찬 비바람이 몰아친다
겨울이 다가오는 것이다

어디든 살게 마련 아닌가
단지
시간은 너무 빠르게 지나고 일은 더디 이루니
이를 한하며
게으름과 연약함이 부끄러울 뿐

우리는 연약한 존재이고
우리의 삶은 곤고하기에
진실로 우리는 슬픈 동물

위로부터 내리는 도우심을
위로부터 내리는 부으심을 기다릴 뿐

왕따에게

징검다리가 되어 줄게
거칠게 흐르는 냇물
머뭇거리며 맴도는 두려움이 소용돌이칠 때
날 딛고 건너렴

울지마
세월은 물살처럼 어느새 저만치
눈물과 웃음 뒤섞은 물거품
허탈한 모습 더욱 초라해질테니
망설이지마
후회 않는 나이기를 다짐하며
건너가렴

꿈꾸지 못해 잃어버린 꿈들
건너지 않아 가지 못한 그 땅
건너가 마음껏 달리렴
노을진 언덕에서 미소지을 수 있게

신뢰

마음 괴롭고 아파서 낙심될 때*
내게 위로가 아닌
소망을 주어
그 아픔 딛고
새롭게 일어서게 하시는

내가 계획한 일이 잘되지 않는다 해도
그가 계획한 일은 모두 잘될 것임을
그러기에 세상이 줄 수 없는 평안에 거할 수 있음을
그 안에서 우린 이미 승리자이니**

항상 나를 마음에 품고 격려해 주시는
그분께 감사

* 찬송가 490장 「주여 지난 밤 내 꿈에」
** 우찌무라 간조(內村鑑三) 「예수를 생각하고 나는」

다짐

도중
차 라디오에서 흘러나오는 옛날 음악
문득 새삼스레 와닿는 가사

"세찬 비바람에 내 몸이 깨지고
거센 파도에 깨끗이 부서져도
나의 생은 당신의 조각품인 것을
나는 당신으로 인해 아름다운 것을"*

하나님과의 만남 속에서
끊임없이 내 모습 부서지고 씻기고 다듬어져 가는 거겠지
항상 조용하고 행복한 삶 속에 안주하고픈 내 자신을 일깨우며
나를 다듬기 위해
쉬지 않으시는 하나님
파도처럼
집앞 작은 뜰에 풀벌레 소리가

유달리 크게 들린다
가을이다
돌이켜볼 때마다 한뭉턱 잃어버린 듯 허전하다
그때마다
맘 한켠에서 일어나는 새로운 다짐

세월을 아껴야지
즐겁게 살아야지
사랑해야지
그리고
내게 주어진 길을 올곧게 달려가야지

* 한마음, 「갯바위」(1984).

하고 싶은 말

하고 싶은 말이 있습니다
나란히 앉아 차를 마시며
우산을 함께 쓰면서 다정히
하고 싶은 말이 있습니다

꽃이 피고 눈 내리고
매미 소리에 열매 익어
향긋한 가을 들녘에서
당신의 눈을 바라보며
잔잔한 미소로, 하고 싶은 말이 있습니다

구름과 세월이 흘러가는 하늘 아래
산과 골짜기를 지나고 광야와 바다를 건넌다 해도
당신의 손을 꼬옥 잡고
하고 싶은 말이 있습니다

당신의 손끝이 닿은 식탁에 둘러앉아
아이들에게 성경이야기를 들려준 후에

당신에게만 조용히
속삭이고 싶은 말이 있습니다

곤히 잠든 당신과 아이의 머리에 손을 얹고
간절한 축복의 기도를 드리고나서
새벽종소리처럼 은은히
당신의 귓가에 들려주고 싶은 말이 있습니다

만종의 그림 속 부부처럼
눈물로 씨 뿌리고 섬김의 땀 흘리다가
겸허히, 감사의 기도 올린 후에
노을 곱게 물드는 저 하늘 무지개를 손짓하며
음악처럼 들려주고 싶은 말이 있습니다

우리 여행이 끝나는 날까지
나의 가장 마지막 지니고 갈
이 한 마디를
당신에게 늘 말해주고 싶습니다

〉

세상의 풍파를 함께 딛고
산꼭대기 높은 반석, 그 위에 올라서서
내 가슴의 메아리가
당신 영혼에 울리도록
외치고 싶은 말이 있습니다

사랑합니다 ……
사랑합니다 ……
사랑합니다 …… !

집에 가자, 엄마가 기다리신다 1
— 청주 땅을 정리하고 저물녘에 옥산을 지나다가,
돌아가신 어머니 생각에 사무쳐

온종일 재미에 미쳐 놀았다
땅거미가 산을 기어내려와 들판을 덮고나서야
문득 생각이 들었다
엄마가 기다리신다

산그늘진 어둑한 마을 가운데 저기쯤
우리집에서 엄마가
저녁을 차려놓고 기다리신다
집에 가야겠다

미꾸라지, 메기 한 양동이
잡는 재미에 빠져 시간 가는 줄 몰랐다
어느덧 쉰셋
날이 저문다

집에 가자, 엄마가 기다리신다 2

어머니가 가 계시니
하늘나라가 친근해졌다
포근한 엄마 품에
갈 수 있으니
날이 저물어도
두렵지 않다
집에 가자, 엄마가 기다리신다

그리운 어머니

열매, 나는

나는
당신의
태의
고랑 진 이마의
갈라진 손의
굽은 무릎의
마르지 않는 눈물의
썩어버린 애간장의
…
그리하여
축복의
…
…
그러므로
살아도 죽어도
나는
당신의
소망

나는 무엇으로 사는가 1

소년은
무덤을 팠다
돌문 닫힌 동굴 안에서
내 자릴 만들고 있었다
무너져 쏟아지는 흑암 속에서
허우적이며 괭이질을 해댔다
안으로 잠근 돌문마저 사라졌다
캄캄한 어둠 속에 널브러진 해골들을
이리저리 맞춰보다 지쳤다

눈물 훔치던 손을
모으고
누웠다

하얀 잠을 잤다
하얗게
끌리는 옷을 입은 아버지가*
팔을 벌리고 서 있었다

음성이 들렸다
“너는 택한 자다
너에게 뜻을 두었다”

심장이 뛰었다
좁은 문으로 빛이 열렸다

* 하나님

나는 무엇으로 사는가 2

곤고하던 젊은 날
꿈속에
또렷한
아버지* 음성
“많이 갈았으니
많이 심어라
많이 거둘 것이요
다 거두지 못하면
네 자손이 거두리라”

눈을 뜨자
청년에게
가슴 뛰는 기대가
생겼다

* 하나님

시인

스스로 시인하라
슬프고
때로 우쭐한
독자의 시인 말고
스스로 시인일 수 있는 시인은
고고한 족속

땅 하늘 영혼 울리는
뱃고동으로 우는
자기 공명의 고동으로

발문

고고(孤高)한 정신의 상향적 도정

김홍진(문학평론가)

나는 전혀 알지 못했다. 신태수 교수가 시를 써왔다는 사실을 말이다. 며칠 전 문득 원고뭉치를 내밀며 시집을 내겠다고 발문을 부탁했을 때, 나는 깜짝 놀랐다. 오랜 동안 그를 곁에서 지켜본 나로서는 시를 쓰기에는 물리적으로 그의 삶이 녹록하지 않았다는 점을 잘 알고 있다. 일찍 아버지를 여읜 아픔, 신앙에 의지해 자식들을 기르신 어머니, 척박한 환경 속에서 국문학과 신학을 오가며 펼쳐온 학업과 선교활동 등은 그의 지난한 삶의 도정을 짐작하게 하기 때문이다. 이러한 삶의 역정 속에서 보여주는 열정과 고투, 그리고 시 쓰기를 통해 쉬지 않고 자기의 삶과 내면을 끊임없이 성찰해 가며 궁극의 자신을 정립하려는 태도는 보기 드문 모습이다.

신태수의 시는 세속적 삶의 일상을 살아가되 현실의 논리에 휩쓸리거나 매몰되지 않고 고통스럽지만 삶의 위엄을 지키며 살아가려는 도도한 내면 풍경이 지배적이다. 그런 점에서 그의 시적 풍격은 고고(孤高), 이를테면 외롭고 쓸쓸하지만 높은 정신의 기상을 지향한다. 현실에 몸담고 살면서 세속적 가치나 욕망에 물들지 않고 현실을 살아가려는 태도는 정신을 벼리지 않고서는 불가능한 일이다. 따라서 세속적 욕망이나 현실원칙에 거리를 두고 궁극을 지향하는 삶의 형식은 일종의 순례의 형식에 가까운 종류의 것이다. 순례의 도정에서 나온 탓에 그의 시는 차분하고 담담하며, 염세적이거나 과격한 분노를 표출하지 않는다. 또한 고통스러운 현실 속에서도 낙관적이고 포용적이며, 넉넉하게 삶을 응시하는 정신의 투철함이 시적 정서를 주도한다.

신태수는 자연의 순한 질서와 신의 섭리를 응시하고, 자신의 신앙적 정신을 지키면서 현실의 속박을 돌파하려는 정신의 상향적 역동성을 지향한다. 나는 그것을 고고(孤高)한 정신의 상향적 도정, "꾸밈없는 삶을 열어/ 내 길을"(「지천명」) 가는 도정의 고투라 말하고 싶다. 그의 시는 현실에 부대끼며 궁극의 자기 세계를 이룩하려는 의지어린 모습과 절대자를 향해 "주리고 목탄""목을 길게 하고/ 창가에"(「주림-5일 금식을 마치며」) 선 고독한 신앙인으로서의 정신적 고투가 잘 드러나 있다. 이와 같은 요지로 전개될 이 시집의 발문은 따라서 그의 시의 정신적 원류와 삶에 대한 태도를 살피는 일이 될 것이다. 어쨌거나 그의 시집 발문을 떠맡은 나로서는 다음과 같은 시가 지닌 상징적 의미를 더듬는 일에서부터 실마리를 찾고 싶다.

언제나 그렇듯
그림자처럼 따르는 고독
그것은 누구도 침범 못할 성토聖土

구절초를 고듯
계절이 익을수록 짙어지는 나의 고독은
특유의 향과 맛을 더해 간다

그 씁쓸함에 매료되어
두 손으로 커피잔을 감싼 시인처럼
고독의 맛과 향이 짙어질수록
눈동자는 야위어 가지만
내 혼은 솟은 장대에 나부끼는 깃발

풍향계의 뾰족한 화살이

언제나 나를 겨냥하며
빼걱인다

—「고독향孤獨香」 전문

신태수의 시 정신을 이해하는 데 의미 있는 암시를 제공하는 인용 시는 간명하면서 밀도 있는 언어에 의해 구축되고 있다. 이 시는 그의 시 정신과 시 세계는 물론이거니와 그의 신앙인으로서의 삶과 정신적 원적에 가깝다. 인간의 실존이란 근원적으로 외롭고 쓸쓸하다. 화자는 이러한 존재론적 상황에서 외롭고 높은 정신의 기상을 펼쳐 보여 준다. 특히 고독이라는 관념적이며 추상적인 주제를 집약적이고 견고한 시적 소묘를 통해 의미의 투명한 단순성과 비유의 깊이를 성취한다. 그로 인해 '고독'이라는 추상적 관념성을 선명한 주제의식, 즉 고독이 감상적인 외로움이나 단순한 쓸쓸함이 아닌 세계와 홀로 맞선 단독자로서의 실존적 운명과 고통에 대한 자기 인식을 선명히 부조한다.

고독이란 타율적 힘에 의해 외부 세계와 차단 단절된 고립자의 상태이거나 또는 인간의 자율적 특권으로서 스스로 선택한 단독자의 상태가 있을 수 있다. 이 가운데 신태수에게 고독은 후자에 가깝다. 그러한 단독자로서의 고독은 "그림자처럼 따르"는 동반자이며 "누구도 침범 못할"

신성한 영토와 같은 것, 혹은 신성한 영지에 들게 하는 통로이다. 그리하여 그 성토(聖土)에 드는 길은 맹목적인 달콤한 향이나 맛일 수 없고, "구절초를 고듯" 쓰디쓴 "향과 맛을 더해" 줄 때 가능한 것이다. 그 성토에 들기 위해서는 구절초의 쓴 맛과 향처럼 갈등과 회의, "돌문 닫힌 동굴"과 무덤의 "캄캄한 어둠 속에 널브러진 해골들을/ 이러저리 맞춰보"(「나는 무엇으로 사는가 1」)는 번민과 고뇌어린 고통을 동반해야 한다. 그렇지 않다면 그것은 관습적이며 맹목적인 갈구에 지나지 않기 때문이다.

말하자면 고독은 구절초의 쓰디쓴 향과 맛이다. 그럼에도 화자는 "커피잔을 감싼 시인처럼" 그 "씁쓸함에 매료" 된다. 이를 통해서만 그 신성한 영토에 들 수 있기 때문이다. 그리하여 '눈동자'로 상징되는 현상적인 육체는 야위어 가지만 영혼은 홀로 높이 '솟은 장대의 깃발'처럼 고고하다. 깃발은 나부끼는 형상으로 인해 지상을 초월한 정신의 상향적 역동성을 환기한다. 깃발의 나부낌은 또한 격렬한 고뇌와 갈등 상태를 암시하기도 한다. 그렇기 때문에 나부낌은 맹목적인 상태가 아닌 갈등과 회의, 고뇌와 번민 속에서 궁극의 대상을 지향하는 정신적 태도와 역동적인 힘을 환기한다. 깃발은 깃대로 고정되어 있지만 동시에 바람에 의해 휘날릴 수밖에 없는 양면성, 지상에 고정된 깃대에 묶여 있으나 천상을 향한 모순적 양면성을 지니고 있다. 이것은 바로 인간적 운명에 묶여 있지만 끊임없이 무한한 절대를 갈망하는 화자의 모습을 상징적으로 드러낸다.

신태수 시에서 신에 대한 절대적 믿음과 사랑, 그리고 자긍심은 끊임없이 자신에 대한 관찰을 도모하는 데서 비롯한다. 따라서 모든 고통과 비판의 대상은 자기 자신이 된다. 자기 자신에게 시선을 주는 이유는 정신의 정직함과 치열함을 효과적으로 증폭시킬 수 있기 때문이다. 그럼으로써 고통이나 절망이 다른 대상으로 이입되지 않음으로서 희석되지 않고 순수하고 치밀한 밀도로 응축될 수 있기 때문이다. “풍향계의 뾰족한 화살”로 상징되는 순수하고 치밀하게 응축된 고독은 “언제나 나를 겨냥하며” 궁극의 지점을 향해 홀로 고통스럽게 ‘삐걱’이는 것이다.

삐걱임은 아마도 단독자로서 화자의 존재론적 회의와 갈등, 고뇌와 번뇌의 은유가 아닐까. 이러한 정신적 태도는 마치 키에르케고르의 고독처럼 신 앞에 홀로 서 있는 단독자를 연상하게 한다. “풍향계의 뾰족한 화살”로 상징되는 단독자로서의 절대적 고독은 어쩌면 신과 대면해 무한한 실존성을 얻음으로써 고독을 극복하려는 역설적 태도처럼 보이기 때문이다. 그렇기 때문에 그의 시는 곧잘 자연 서정에 의지한 신앙적 체험이나 사색, 절대적 존재가 거주하는 이상적 공간을 지향한다. 아래의 시 역시 정신의 상향적 운동을 엿볼 수 있는 작품이다.

山에 오른다
하늘에 닿은 그 山에 오른다
메아리 비록 없더라도
하늘로
너머로 가고픔은
그곳에 그가 있고
詩와 사랑 있는 까닭이요
작은 밭과
순박한 술잔이 비어 있기 때문이다

—「빛과 소리 IV」 중에서

시인은 "황톳길 달구지"가 "가쁜 숨을 몰아쉬"는 지상의 해 저문 "들판 가로질러" "하늘에 닿은 그 산에 오"르기를 염원한다. 화자는 천상의 "하늘로", 피안의 저 "너머로 가고"픈 열망을 토로한다. 왜냐하면 이상적 공간으로 볼 수 있는 '그곳'에는 '그'로 상징되는 절대적 존재가 있고, 조화로운 운문적 질서의 '詩'와 절대적이며 무한한 '사랑'이 있기 때문이다. 아울러 무욕의 "작은 밭"과 인간의 허위, 차별, 탐욕 없이 "순박한 술잔이 비어 있"는 곳이기 때문이다. 이렇게 산에 오르는 도정은 일종의 순례의 과정에 다를 아니다. 이 시에서 드러나듯 시인의 등반은 우주의 비의에 대한 깨달음, 진정한 자아의 발견, 이상적 질서에 대한 염원과 같은 위상에 놓인 것이다. 화자는 모든 유한한 지상적이며 세속적인 굴레에서 벗어나 영원의 세계, 이상적 질서, 진정한 자아를 찾아 들어가는 순례의 도정이 지닌 의미와 까닭을 산을 오르는 비유를 통해 드러낸다.

부연하자면 산은 세속과 초월, 현실과 영원, 지상과 천상의 질서가 엇갈리는 경계이다. 신화적 우주론에서 산은 보통 상반되는 것들 사이의 균형을 상징하는 세계의 중심축으로 나타난다. 그렇기 때문에 여러 종교나 신화에서 산은 신의 강림, 성지나 영생의 땅, 계시의 장소, 인간의 뜻을 간구하는 성소로 선택되는 것이다. 산은 이러한 신성성으로 인해 세계의 중심이자 근원이다. 이 시에서처럼 산은 지상에서 우뚝 하늘로 솟아올라 천상의 '빛'과 메시아의 '소리'에 접근해 있다. 따라서 화자가 산을 오르는 행위는 단순한 근육 운동으로서의 등산이 아닌 우주적 정화, 영성의 추구, 이상적 세계의 지향이라는 의미를 내포한다.

요컨대 산을 오르는 행위는 단순한 육체적 운동이 아닌 정신의 상승인 동시에 중심으로의 회귀라는 의미를 지닌다. 이를테면 인간이 도달하고자 하는 우월하고 지극한 상태, 궁극적인 세계나 지고한 가치로의 다가감이란 의미를 내포한다. “오르는 자 고독하나” “소망(所望)을 얻음”(「찬미하고 오른 감람산」)이기 때문이다. 같은 맥락에서 화자가 갈망하는 산은 모든 갈등과 분열이 사라진 곳이며 모든 생명을 포용하는 원초적 자기 동일성의 공간이다. 그곳은 지상의 인간과 천상의 신이 서로 만날 수 있는 신성한 공간이다. 산은 “하늘에 닿”아 있기 때문이다. 그곳은 만물이 공존하는 낙원, 화해와 사랑의 공간, 타락한 지상의 공간과 대척되는 유토피아적 공간을 뜻하기도 한다.

유토피아는 실재하는 현실이 아니다. 그곳은 현실을 초월하기 위해 관념적으로 설정한 공간이다. 그곳은 시인의 상향적 정신 운동이 설정한 곳으로 우주의 만물과 절대적 존재와 자아가 함께 호흡하고 사랑하는 공존의 조화로운 삶을 영위하는 공간이다. 말하자면 그가 설정한 피안의 공간은 갈등이나 대립이 없는 동일성의 조화된 세계를 상징한다. 그것은 부조리한 지상적 삶의 현실원칙으로부터 이상적 질서의 세계를 꿈꾸는 종교적 이데아에 가까운 것이다. 그렇기 때문에 그는 현실을 원망하거나 비판 탄핵하기보다는 절대자를 향한 구도의 정신으로 현실의 속박을 돌파하려 한다. 그러하여 신태수의 시에는 신앙적 고백이나 사색, 절대자에 대한 찬미 등이 자주 등장한다. 그러나 그 고백과 사색과 찬미, 그리고 정신의 역동적 상향성이 지향하는 세계는 웅혼하거나 호방한 경지가 아니라 대체로 소박하고 충담(沖淡)하다. 맑고 깨끗하고 담백하다.

하늘의 푸르름은
두 눈에 비추이고

마음의 청아清雅는
언어에 흐르나니

나는야
탁濁한 생활에
빙수氷水처럼 살고지고

—「둠밈(완전함, 출28:20)」 전문

역시 간명하고 투명한 언어를 통해 직조되는 이 시는 맑고 깨끗하다. 성서의 소재를 중심으로 한 이 작품의 시적 정서는 충담하다. 환언하자면 비어 있다는 충(沖)의 의미처럼 욕심 없이 맑고 평화로운 감정을 느낄 수 있다. 또 담(淡)이 뜻하는 대로 담담하다. 마치 "조금 남은/ 한 개/ 기름병"처럼 "비인 듯 차 있고/ 깊이 기울여 마음 쏟는"(「그 사람의 병(甁)」) 것처럼 욕심 없이 담백하다. 맑고 평화롭고 담백한 상태의 내면으로 인해 세속의 때에 물들지 않고 '빙수(氷水)'처럼 '청아(清雅)'하며 담백하게 살아가려는 시인의 인격미를 느낄 수 있게 한다. 하늘처럼 푸른 두 눈, 티 없이 맑고 깨끗한 청아한 마음은 그러한 인간미를 보증하는 표지이다. 요컨대 "탁(濁)한 생활"로 은유한 세속의 욕망과 공리적인 속박에 찌들지 않고 자신을 염결(恬潔)하게 세우려는 의지가 빙수처럼 청아한 맛을 느끼게 한다. 이처럼 이 시는 시인과 시가 서로 긴밀하게 연결되어 있어 작품이 곧 작가의 삶이나 가치관을 상징적으로 환기한다.

시에 영감을 불어넣은 표제 둠밈(Thummim)은 성서에서 '완전함'을 뜻한다. 이와 짝패를 이루는 개념이 '빛'을 뜻하는 우림(Urim)이다. 이를 합치면 '완전한 빛'으로 번역할 수 있으며, '신의 계시'라는 의미를 내포한다. 그리고 '빙수'는 구약의 「잠언 25:13」 구절에 기댄 비유이다. 이 두 비유에서 영감을 받은 듯한 이 시는 시인이 지향하는 신앙의 내질을 가늠하게 해준다. 그에게 신의 계시란 완전함, 그리고 빛을 상징되는 절대적 신앙과 불멸의 가치를 추구하는 것이다. 그 완전함이란 이물질이 조금도 섞이지 아니한 온전한 상태의 순연(純然)한 것이다. 그것은 마치 "작은 밭"이나 비어 있는 "순박한 술잔"(「빛과 소리 IV」)처럼 소박하고, 또 속된 티가 없이 맑고 아름다운 '청아'한 상태처럼 맑고 깨끗한 것이다.

시인의 바람, 혹은 그가 받은 계시란 완전함의 추구이

며, 그 완전함은 대단한 사명이 아닌 세속적 욕망을 경계하며 맑고 깨끗한 상태의 신앙적 주체를 정립하며 빙수처럼 사는 것이다. 두 눈에는 하늘의 푸른 빛과 마음엔 청아한 언어를 간직하고 살고 싶은 것이다. 그는 세속의 "탁(濁)한 생활"에 물들지 않고 "추수하는 날의 얼음냉수"처럼 맑고 시원하게 살고 싶은 것이다. 그것이 "충성된 사자"(「잠언」 25:13)의 본분이라 믿는 것이다. 이렇게 시인은 성서의 비유를 통해 자신의 신앙적 지향점을 고백하는데, 이는 자칫 미사여구의 교리나 성경 구절을 해석하는 복음주의, 또는 단순히 성서 소재에 머물 수 있는 위험성이 있다. 그러나 시인은 자신의 내면에서 우러나는 주체적인 입장에서 인생관이나 가치관을 신앙에 입각해 자연스럽게 드러냄으로써 이를 적절히 극복한다.

혼탁한 세속의 삶에서 빙수처럼 맑고 차고 청아하게 자신을 지키며 살아가려는 태도는 고고한 정신의 상향적 도정이 불러온 결과이다. 신태수의 시에서 신앙적 체험에서 우러나온 고백은 끊임없는 구도자적 자세와 경건한 삶의 인식에서 길어 올린 것이다. 신과 대면한 고독한 단독자로서의 외롭고 높은 상태의 고고한 태도, 혹은 시 세계는 높고 원대한 정신적 의지를 추구하는 시인에서 찾을 수 있다. 그의 시는 이러한 성격으로 말미암아 번잡하고 소란스러운 세속적 일상의 세계에서는 쉽게 찾아볼 수 없는 순연하고 염결한 정신적 경지를 지향한다. 정신의 상향적 도정, 혹은 고투라 표현했듯이 그의 시가 담지하고 있는 내질은 인간으로서의 실존적 고뇌와 번민, 신앙인으로서의 회의와 번뇌, "서릿새벽 나목(裸木)으로 서더라도" "홍시 같은 불덩이로/ 하늘끝"에 "꺼꾸로 달리"(「보름달 아래서-중추절에」)는 고통을 통해 끊임없이 궁극의 지점으로 상승해 존재의 전이를 이룩하려는 모습을 보여준다.

순연하고 염결한 정신의 추구는 산업 도시와 물신 욕망이 지배하는 물화된 현대사회에서는 홀대를 당할 수밖에 없는 재래적인 정신적 가치며 삶의 태도, 고루한 시적 풍격으로 취급받을 수 있다. 그럼에도 불구하고 신태수의 시나 삶의 태도는 속되고 타락한 현실을 물리치려는 의지와 혼탁한 세상에 물들지 않은 지순한 상태의 자기를 정립하려 애쓴다. 물론 고고한 정신주의는 타락한 현실을 엄중하게 비판하고 질타하기도 하는데, 가령 "살아있는 예수"는 금시라도 "살냄새 풍길 듯 생생"하고 "피땀 엉긴 나무토막"처럼 인간적 체취를 지닌 존재임에도 우리는 "말씀이 육신이 되어 우리 가운데 거하시"(요1:14)는 성육신(成肉身) 예수의 머리 위에 물질적 욕망의 상징인 "금관을 씌우고/ 갑옷을 입혀"(「금관의 예수」) 본래적 신성성과 가치를 훼손하는 물신적 현실을 비판할 때이다. 그러나 신태수의 시는 비판과 탄핵의 방향으로 나서지 않는다. 그보다는 속된 현실 속에서 외롭게 서 있지만 세속적 가치에 매몰되어 연연해하거나 탄식하고 목소리를 높여 탄핵하기보다는 참된 자아를 찾아 자신의 주체를 정립하려는 구도자적 자세를 취한다. 그것은 그의 시가 지향하는 정신의 날을 세워 궁극에 이르려는 의지와 자세에서 연관한다. 세속적 욕망과 고통의 크기는 왜소한 것이며, 그것들이 왜소할수록 그의 마음은 차분해지고 마음은 고요해지기 때문이다.

키가 작아 보이지 않습니다
고개를 드리뽑고 까치발을 서도 안 보여
나무에 오르지만
길어귀 고목엔 잎새들만 팔랑입니다

소태 같은 입을 하고 山으로 가도
석양이 묏부리에 걸릴 때까지
새소리만 골을 따라 가득할 뿐

밤이 적막을 몰고
하늘을 달려 별을 뿌려서야
동굴만 한 사색으로
알만 한 죽음을 캐내어

보자기에 쌉니다

—「젊은 삭개오 IIXIII」 전문

삭개오(Zacchaeus)는 「누가복음」 19장에 등장하는 인물로 여리고의 세리장이다. 예수가 여리고를 지날 때 삭개오는 키가 작아 군중 속 예수를 볼 수 없어 무화과나무 위로 올라갔다. 그때 예수가 그에게 내려오라며 자신의 집에 머문 것에 감동해 회개하고 구원을 받은 이야기이다. 화자는 왜소한 인간으로서 자신을 삭개오에 비유해 신을 찾는 실존적 고뇌와 고통을 이야기한다. 자신의 실존은 왜소하여 "고개를 드리뽑고 까치발을 서도" 신을 볼 수 없고, "소태 같은 입을 하고" 신을 찾아 "山으로 가도" 만날 수 없는 어두운 미혹에 처해 방황하며 고통스러워한다.

그러나 절대적 대상의 부재의 상태에서도 화자는 원망하거나 절망하지 않는다. 절대적 대상을 향해 "까치발을 서도" 보이지 않고, 삭개오처럼 나무에 올라도 보이지 않는다. 화자의 갈급한 마음과는 달리 그저 무심한 듯 "잎새들만 팔랑"일 뿐이다. 그러한 간절한 마음은 다시금 "소태 같은 입"으로 표현된 고통과 갈급 속에서 더 높은 "山으로 가"지만 "석양이 묏부리 걸릴 때까지/ 새소리만 가득할 뿐"절대적 대상은 역시 흔적도 보이지 않는다. 그리고 오랜 갈급과 방황과 고통 끝에 "밤이 적막을 몰고/ 하늘을 달려 별을 뿌려서야" 비로소 '동굴의 사색'을 통해 깨달음을 얻는다.

전체 3연으로 구성된 이 시의 핵심은 3연에 있다. 1연과 2연이 부재하는 신을 찾아 헤매는 실존의 갈급한 고통과 방황의 과정을 그린다면, 3연은 그 고통과 방황 끝에 도달한 깨달음에 의한 존재의 개시(開示)이다. 이것은 상호 긴장감을 이루는 신앙적 삶, 혹은 절대적 대상을 찾아가는 치열한 정신적 구도의 모습을 환기한다. 밤, 적막, 죽음의 이미지는 신앙적 고난과 고통을 의미하며, 묵시적 이미지로서 하늘은 우주적 신성, 절대적 신앙, 영원불멸의 가치관을 뜻한다. 천체 이미지인 별은 짙은 어둠일수록 더 밝게 빛나기 때문에 궁극의 영원한 가치를 내포한다. 그리고 원형적 이미지로서 동굴과 알은 탄생과 재생이라는 상징적 의미를 지닌다. 그것은 마치 "흠향되는 제사를 위해" "육신을 살라"(「산 제사」) 바쳐 다시 태어나는 신앙적 제의의 과정에 다름 아니다.

따라서 밤과 적막과 죽음과 같은 고난 속에서도 절대적 신앙과 영원한 가치에 대한 믿음을 포기하지 않는 신념을 확인할 수 있다. 그리고 어둡고 적막한 죽음은 탄생과 재생을 잉태한 동굴이나 알과 같아서 화자는 "죽음을 캐내어 / 보자기에 싸"는 것이다. 이러한 역설적 인식은 절대적 대상에 대한 포기할 수 없는 신념을 드러내는 것이며,

미혹한 신앙적 주체로서의 카오스 상태에서 코스모스의 자기 갱신과 창조의 질서로 전이하는 우주적 신성의 원리에 참여하는 것이다. 이렇게 볼 때 화자는 부조리와 모순에도 절망하거나 체념하지 않고 긍정하며 미래지향성의 희망을 갖는 것이다. 언젠가는 만날 수 있다는 절대적 신념과 확신이 자리한다.

노을진 산길 실계곡 서늘한 바람
백옥구슬 소담스레 치렁한 아카시아
홀로 걷는 이 길 가득한 싱그런 사치
행복을 호흡하는 가슴은 흰버선 향낭
네 안에 멈추고 싶은
아카시아
꽃
내
음
피지 않은 꽃도 향내 이리 고운데
꽃망울 터치면
세상 온통
네 향기에 젖겠다

—「그리스도의 향기」 전문

신에 대한 절대적 믿음과 사랑, 그리고 그리스도의 인간에 대한 무한한 사랑을 예찬하는 인용 시는 짙은 서정성으로 인해 감미롭다. 화자는 싱그러운 아카시아 향기를 그리스도의 사랑에 비유해 “네 안에 멈추고 싶은” 마음이며, 그 향기가 세상 천지에 젖기를 바란다. 시적 대상과 접촉에는 풍경에 감동하여 느낌이 이는 것과 자기 감정을 드러내기 위하여 풍경을 이용할 수 있다. 그러나 가장 높은 경지는 인간의 감정과 풍경이 아주 자연스럽게 만날 때 이루어진다. 이와 같은 맥락에서 시적 주체가 느끼는 감정과 풍경이 자연스럽고 조화롭게 만나 그리스도의 무한한 사랑이라는 시적 주제를 한층 효과적으로 감미롭게 심화한다.

말하자면 서늘한 바람이 부는 “산길 실계곡”, “백옥구슬 소담스레 치렁한 아카시아”, “흰버선 향낭”의 이미지는 산길을 걷는 장면을 만들고, 장면은 아카시아 향기로 가득한 풍경을 만들고, 그 풍경은 그리스도의 향기로운 사랑이라는 의식을 만든다. 이때 풍경은 하나의 의식이고 감정이어서 스스로 무언가를 느끼고 말하는 밀도 높은 기호로 작용한다. 거기에 그것을 바라보는 주체의 주관적인 시적 인식이 개입하여 하나의 의식이 되어버린 것이다. 풍경은 내 속에서 자기 자신을 사유하고 있는 것이며, 그리고 내 자신은 풍경의 의식이 되어버리는 것이다. 침묵의 형식인 풍경은 하나의 의식 또는 의미 기호로 작용하여, 시인의 의식은 그것의 기호 작용이 유발하는 의미를 해독한다. 그 해독은 물론 미적 해독이며, 아카시아 향과 같은 신의 인간에 대한 무한한 향기, 혹은 신에 대한 절대적 사랑을 환기한다.

신에 대한 절대 사랑, 신태수의 신앙적 태도는 독실한 신자였던 어머니의 신앙을 물려받고, 치열한 구도의 삶과 내적 투쟁을 거치며 형성된 것이다. 그의 시가 지향하는 외롭고 높은 정신주의는 이런 이력에서 비롯한 것이라 짐작된다. 정신의 상향적 도정으로서의 그의 시와 삶의 태도는 막연한 이상의 추구가 아니다. 정신의 날을 세워 불합리와 모순의 현실을 초월하려는 것이며, 진정한 신앙으로서 거듭나기 위한 방법이다.